AF280671

Motivationssprüche

FSC
www.fsc.org
MIX
Papier aus ver-
antwortungsvollen
Quellen
Paper from
responsible sources
FSC® C105338

In dunklen Stunden ist jeder Strohhalm hilfreich, der uns neue Energie gibt, um aus dem Motivationsloch rauszukommen. Etwas extra Schub braucht jede:r von uns, denn wir alle müssen uns täglich Aufgaben und Herausforderungen stellen. Diese Motivationssprüche sind für dich, wenn deine Batterien gerade wieder leer sind und du neuen Treibstoff brauchst. Sie sind für dich, wenn du vor einer großen Prüfung stehst und neue Kraft brauchst. Sie sind für dich, wenn du neuen Mut brauchst, um deinen Traum lebendig zu machen.

Sieh, was du willst.
Sieh, wo du stehst.
Zerstöre die Lücke.

Aufstehen und
Alles geben,
Bevor wir wieder
Schlafen gehen.

Du willst,
Dann mach.
Du träumst,
Dann tu es!

Ein leichtes Ziel
Ist kein Ziel,
Sondern eine Ausrede.
Wähle größere!

Finde deinen Traum
Und dann lebe
Ihn aus.

Wie der Löwe brüllen
Und wie der Hai
Ausschließlich vorwärts schwimmen.

Das Ende
Ist nicht weit genug.
Nur deine Legende zählt.

Steh auf und starte.
Steh auf und höre nie mehr auf.
Steh auf und lebe deinen Traum!

Echte Stärke entsteht
Aus den Träumen
Deines Herzens.

Chillen und
Bequemlichkeit sind
Die Feinde des Erfolgs.

Der Fall war hart.
Die Nacht war lang.
Steh auf und
Probier es nochmal!

Rausgehen und
Gewinnen und sich
Niemals umdrehen.

Das Ziel. Der Weg.
Jeder neue Morgen,
An dem es weitergeht.

Weiter! Weiter! Weiter!
Mach einfach
Immer weiter!

Räume deinen Träumen
Mehr Raum ein
Als deinen Zweifeln.

Ja, es ist schwer.
Ja, es ist hart.
Aber wenn es einfach wäre,
Warum solltest du es tun?

Gib mehr,
Denn du bist mehr.
Gib alles,
Denn du willst alles.

Mit dem Glauben an dich
Erhältst du Zugriff auf ein
Kraftreservoir, das unendlich ist.

Freiheit entsteht
Durch Disziplin
Nicht durch Faulheit.

Ein Berg wirkt hoch.
Aber erklommen, kannst du
Den Blick auf die höheren
Gipfel werfen.

Manche warten
Und warten und dann
Klopft Gevatter Tod
An ihre Tür.

Sie sagen, du bist es nicht.
Sie sagen, du schaffst es nicht.
Glaube ihnen nicht.
Glaube an dich!

Tränen verwehen.
Wunden heilen.
Wage das Risiko.
Koste den Sieg.

Arm ist nur,
Wer nicht an
Sich glaubt.

Hört deine Motivation auf,
Dann verlass dich auf deine Disziplin.
Erschöpft auch deine Disziplin,
Dann stütze dich
Auf pure Willenskraft.

Jeder Held, jede Legende,
Jede herausragende Frau
War einst ein Niemand
Der/die sich erst aufbauen musste.

In der dunkelsten Stunde
Kannst du dennoch
Den Glauben erwecken
An den goldenen Sonnenaufgang.

Mit dem ersten
Sonnenstrahl aufstehen
Und weiter streben.

Jeder Tag ist ein Geschenk.
Jeder Tag beinhaltet die Chance,
Alles zu geben, um
Alles zu erreichen.

Es wagen. Sich trauen.
Nicht auf die Nein-Sager hören
Und einfach nur alles geben
Bis zur Erfüllung aller Wünsche.

Im Auge des Sturms.
Wenn die heiße Lava fließt.
Das Beben der Erde.
Sei eine Urgewalt!

Entfessel dich.
Lass die Kraft frei,
Die in dir schläft.

Wenn du alles gibst,
Wirst du glücklicher werden,
Als wenn du nur
Halbherzig lebst.

Schmiede dein Schicksal
Mit Härte und Druck.
Stell dich den größten
Herausforderungen.

Wage deine Träume zu leben,
Anstatt ein Leben lang
Unglücklich zu leben.

Nimm den harten Pfad.
Denn wer Größe will,
Muss sich Großem stellen.

Du kannst tausend Tode sterben:
Der schlimmste Tod
Ist der des Versagens.

Mut und Tatendrang
Sind die Quellen
Grenzenlosen Glücks.

Fern ist die Zielgerade.
Jeder Schritt wird schwerer.
Dennoch ist aufgeben
Keine Option.

Da ist Größe in deinem Zweifel.
Da ist Mut in deiner Angst.
Da ist Stärke in deiner Ohnmacht.

Glaube an dich und
Lass nicht zu, dass die ewigen
Nörgler und Lästerer
Dir dein Licht rauben.

Geh immer weiter,
Egal wie schnell du gehst. Geh!
Egal wie groß das Hindernis. Geh!
Egal wie weit der Weg. Geh!

Besteige den höchsten Berg.
Tauche ins tiefste Meer.
Flieg zu den entferntesten Sternen.

Totgesagte leben länger.
Also wenn sie dich schon komplett
Aufgegeben haben, steh wieder auf
Und beweise allen, was in dir steckt.

Dein Schicksal wartet
Am Ende von Blut und Schweiß.
Denn Ruhm hat einen Preis.

Stürme den Gipfel hinauf.
Renne gegen alle Widerstände an
Und besiege den inneren Feind.
Auf dem Gipfel wirst du triumphieren.

Wage und gewinne
Oder wage nicht
Und verliere automatisch.

Mit dem Mut der Verzweiflung.
Mit der Energie der Angst.
Mit dem Feuer des Verlustes.
Nutze alles, was du kannst.

Zu trainieren,
Heißt sich zu fokussieren,
Auf das was wirklich zählt.

Fallen, aufstehen,
Weitermachen; das ist
Das ganze Leben.

Unser Traum ist das,
Was noch heller scheint
Als die Sonne.

Die Feinde sitzen tief
In deinem Herzen.
Ihre Namen sind Faulheit,
Zweifel und Angst.

Steh auf
Und lauf
Deinen Schicksalslauf.

Zwei Arten Schmerz.
Der Schmerz harter Arbeit.
Der Schmerz ewiger Reue.
Reue schmerzt mehr als harte Arbeit.

Trau dich
Zu glauben,
Dass du großartig bist!

Vergiss die Welt
Und konzentriere dich nur
Auf dich und dein Schicksal.

Stärke folgt dem Training,
Nicht der Faulheit.
Erfolg entsteht aus harter Arbeit,
Nicht Bequemlichkeit.

Angst kann zum Brennstoff
Für deinen Motor werden
Und Zweifel zum Wind
In deinen Segeln.

Du bist geboren,
Um großes zu vollbringen.
Du musst es nur glauben
Und dann ausleben.

In jeder Niederlage
Steckt die Lektion,
Wie zu siegen geht.

Sie werden alles tun, um deinen Traum
Schlecht zu machen, weil sie selbst nicht bereit
Sind, ihren Traum zu leben. Höre nicht
Auf die Zweifler und Meckerer.

Strebe morgens.
Strebe mittags.
Strebe abends.

Gib mehr, als du hast,
Denn du hast mehr,
Als du denkst.

Mut tut gut,
Wenn du wirklich
Etwas tust.

Lauf bis ans Ende
Der Welt. Alles was zählt,
Ist, dass du niemals aufgibst.

Ich träume, aber bin nicht
Bereit, das nur Schäume sein
Zu lassen. Ich will meinen Traum leben.

Bequemlichkeit tötet deinen Erfolg
Mehr als Härte und Schmerzen.
Harte Zeiten formen
Die größten Helden.

Glaub an einen oder mehrere Götter
Oder an das Universum.
Am Ende musst du allen davon
Beweisen, was in dir steckt.

Durch die Dunkelheit schreiten.
Durch die harten Jahre kriechen.
Bankrott und Krankheit überstehen.
Aber das Ziel nie aus den Augen verlieren.

Der Strom schwimmt
Zur Mittelmäßigkeit.
Schwimm gegen den Strom!

Manche warten
In den Schlangen vor den Kassen.
Andere haben Sachen mit,
Um in dieser Zeit zu arbeiten.

Kein Ziel zu weit.
Kein Berg zu hoch.
Kein Traum zu groß.

Tu es für deine Familie.
Tu es für die, die du liebst.
Tu es für dich!

Vergiss das Grübeln
Und ewige Nachdenken.
Leg los. Fang an. Mach es wahr.

Harte Arbeit heilt
Dein krankes Herz
Und bringt Glück.

Akzeptiere deinen Traum.
Schreibe dein Ziel auf.
Gib niemals auf!

Zerbrich jeden Zweifel.
Zerstöre alle Ängste.
Lass nicht zu, dass irgendein
Gedanke dich stoppt.

Du bist heute größer
Und besser als als Kleinkind.
Wo stehst du in zehn Jahren?

Die Welt ist zu groß,
Um sie in den Fokus zu nehmen.
Fokussiere dich auf dich selbst.

Sie sagen, du kannst gaffen,
Quatschen oder machen.
Werde ein Macher!

Angst kann dich bremsen
Oder dich motivieren.
Sei diszipliniert, egal
Was du fühlst!

Einen Schritt mehr.
Eine Übung mehr.
Eine Stunde mehr.

In dir steckt mehr,
Als du bisher glaubst.
Probier dich aus!

Lass nicht Zweifel
Und Ängste deinen Traum
Zerstören. Zerstöre Angst
Und Zweifel und lebe zielstrebig.

Dieser Moment ist alles,
Was du brauchst,
Um besser zu werden.

Jeder Rückschlag ist nur
Eine Prüfung des Universums,
Das dich fragt, ob du bereit bist,
Wieder aufzustehen und alles zu geben.

Es ist nicht einfach,
Es ist schwer, deshalb bewundern
Wir die, die es getan haben.

Wenn du nichts weiteres
Außer einem Traum hast,
Ist das alles, was du brauchst.

Was ist größer:
Dein Wille oder
Der Schmerz der Reue,
Es nicht probiert zu haben?

Du wirst fallen.
Du wirst scheitern.
Die Siegerin war die,
Die aufstand und weitermachte.

Dunkel ist dein Tag.
Hart dein Jahr.
Glaube an das Licht
Am Ende des Tunnels!

Schwache faulenzen
Und gammeln und dann heulen sie
Über den Erfolg der anderen.
Sei anders!

Glück entsteht
Aus harter Arbeit
An dir selbst.

Du darfst an dich glauben.
Du darfst dir vertrauen
Und du darfst dein Leben
Auf deine Träume aufbauen.

Menschen mit einer Vision
Leben anders, als Menschen,
Die ziellos vor sich hin vegetieren.

Du kannst über
Das Limit hinausgehen.
Du kannst dein
Maximum überschreiten.

Aufgeben tun viele,
Aber trotz Hindernissen
Weitergehen, tun nur
Die Sieger.

Geschlecht, Rasse
Oder soziale Klasse zählen nicht,
Es zählt nur dein Wille zu siegen.

Tu es für dich und
Alle, die dir
Am Herzen liegen!

Kein Berg zu hoch.
Kein Ozean zu groß.
Kein Schicksal unerfüllbar.

Lebe deinen Traum
Oder bereue
Ein Leben lang.

Faulsein ist Selbsthass.
Wer sich wirklich liebt,
Strengt sich an und
Gibt alles.

Jeden Tag
Einen kleinen Sieg
Erringen!

Dein Neid und deine
Unzufriedenheit entsteht,
Weil du weißt, dass du zu
Mehr fähig bist.

Die Augen im Spiegel
Sagen dir, dass du härter
Schuften sollst.

Der Gipfel strahlt
Am Horizont. Die Sehnsucht
Treibt uns vorwärts.

Der Sieg in uns
Über unsere Bequemlichkeit
Führt zu den Siegen im Leben.

Wir wollen dies und das.
Dann müssen wir dies und das tun
Und nicht nur darüber reden.

Die Morgensonne
Kitzelt deine Nase.
Steh auf und
Kämpfe um dein Schicksal!

Wenn du einen Traum hast,
Musst du wie ein Irrer
Alles geben, um ihn zu erreichen.

Sei wie der Löwe.
Sei wie der Hai.
Sei ein Biest und
Strebe nach dem Sieg.

Es ist leicht aufzugeben,
Doch dann wirst du
Für den Rest deines Lebens
Bereuen und leiden.

Egal wie hart es ist,
Setz Schritt für Schritt
Auf dem Weg zum Ziel.

Du kannst mehr, als du bisher gibst.
Das beweisen alle, die das besitzen,
Was du dir wünscht.

Gib nicht andern die Schuld
Für deine Probleme. Das ist Opfermentalität.
Arbeite hart und arbeite härter.

In dir ist alles,
Was du brauchst.
Du musst nur starten
Und nimmermehr stoppen.

Ein Traum. Ein Leben.
Alles was du tun musst,
Ist alles geben!

Du hast die Wahl,
Dein Leben zu verträumen
Oder deinen Traum zu leben.

Am Ende unseres Lebens
Werden wir zurücksehen.
Willst du dann erblicken,
Ob du faul oder fleißig warst?

Wenn die Sonne aufgeht,
Beginnt unser Kampf
Nach Bestimmung erneut.

Zu siegen,
Ohne zu verlieren,
Bedeutet immer
Weiterzugehen.

Im Auge des Sturms
Wächst der wahre Kämpfer
Über sich hinaus.

Bürden und Hürden.
Probleme und Sorgen.
Das ist der Druck,
Der uns stahlhart schmiedet.

Täglich streben,
Um nicht zu verlieren,
Sondern zu siegen.

In dir ruht Macht,
Aber wenn du dich ausruhst,
Dann verschläfst du
Deine Chance.

Aufstehen und
Erst schlafen gehen,
Wenn du alles gegeben hast.

Du musst hungrig sein:
Dein unstillbarer Hunger
Muss dich antreiben.

Für wen? Frag dich für wen,
Willst du alles geben?
Und dann stell dir sein/ihr/deren
Bild vor und leg los.

Bleib ein unbedeutendes
Mittelmaß, wenn dich das zufrieden
Stellt. Aber ich will mehr und
Es gibt viele, die wie ich sind.

Erst wenn alles in dir drin
Davon überzeugt ist,
Wirst du es tun,
Egal ob du fit bist oder nicht.

Normen sind eine Illusion
Für die faule Masse.
Sprenge die Norm.
Sei mehr!

Gib dein Herz, dein Blut,
Deinen Schweiß, jeden
Atemzug!

Du kannst zweifeln
Oder an dich glauben.
Du kannst alles geben
Oder faul ausschlafen.

Beeindrucke die Welt.
Strebe nach der höchsten Blüte
Deiner Selbst.

Ein Hai kann nur
Vorwärts schwimmen,
Ein Löwe nur laut brüllen.
Werde ein wildes Tier!

Nur weil sie nicht
An dich glauben,
Ist das kein Grund,
Nicht an deine Stärke zu glauben.

Vertrau darauf, dass du
Alle Antworten auf dem Weg
Finden wirst und starte
In dein Abenteuer.

Große Ozeane. Riesige Berge.
Wilde Stürme. Die brennende Sonne.
Werde zu einer Naturgewalt!

Was auch immer deine Kraftquelle ist,
Hefte dich daran und
Hebe ab wie eine Rakete.

Lauf. Renn. Flieg.
Starte durch und
Halte nie mehr an.

Wenn du andere brauchst,
Um zu bestätigen, was in dir steckt,
Wirst du nichts schaffen.
Glaube einfach an dich selbst.

Der Sturm wird kommen
Und du in ihm sinken
Oder triumphieren.

In dir steckt mehr,
Als alle Kritiker glauben.
Lass sie verstummen.

Du bist alles,
Was du brauchst.
Du kannst alles haben,
Wovon du träumst.

Niemand traut es dir zu.
Also gib alles,
Beweise es ihnen und
Lass alle Kritiker verstummen.

Der Wind des Schicksals weht.
Ein großer Traum webt und
Du bist der Held, der Märchen
Lebendig macht.

Erklimme den Hügel
Wie ein hungriger Wolf.
Knurre. Friss. Steige auf!

Brenne heiß wie Feuer.
Fließe urgewaltig wie das Wasser.
Bewege alles wie der Weltwind.
Sei hart wie die Erde.

Mut, Tatkraft und Willensstärke
Werden dir mehr bringen
Als Bücherwissen,
Aber kombiniert sind sie ein Tsunami.

Alle die scheiterten,
Scheiterten, weil sie nicht
Genug an sich geglaubt haben.

Kinder träumen,
Während wahre Männer
Und Frauen danach streben,
Ihren Traum lebendig zu machen.

Größe ist dir in
Die Wiege gelegt.
Es liegt an dir, was du
Daraus machst.

Träume Tag ein, Tag aus,
Bis du deinen persönlichen Traum
Gefunden hast und dann lebe ihn
Zu einhundert Prozent.

Gewinn oder Niederlage
Ist nicht die Frage,
Sondern wie du danach
Weitermachst.

Wille und Macht
Ruhen in jedem Herz.
Nur wenige entfesseln sie.

Du kannst heulen oder
Dir in die Hände spucken
Und schuften.

Nach und nach
Reift deine Kraft, deine Macht,
Dein Reichtum und deine Kreativität.
Bleib einfach dran.

In der Stunde
Größter Not gebiert
Die größte Macht,
Alles zu schaffen.

Himmel und Hölle
Existieren in einem Augenblick.
Sieg und Verlust
Sind nicht voneinander getrennt.

Ein Schwert geschmiedet
Unter Druck und Feuer.
Ein Sieger geschmiedet
Unter Härten und Entbehrungen.

Die Großen unserer Spezies
Sind da weitergegangen,
Wo andere glaubten,
Dass es nicht weitergeht.

Dein Leben ist ein Geschenk.
Du kannst es mit Bequemlichkeit
Verschwenden oder alles geben.

Du musst so schnell laufen,
Dass du schneller wirst,
Als wie dein Traum durch
Die Zeit läuft.

Morgens. Mittags. Abends.
Gibt es nicht mehr.
Denn jeder Augenblick
Dient nur dem einen Ziel.

Wage mit deinen Träumen
Die kalte, dumme
Realität zu zerstören.

Wagemut kann scheitern,
Doch er tut gut.
Denn wer es einmal tut,
Wird es wieder tun.

Trainieren, üben, lernen;
Das sind die Dinge,
Die Gewinner täglich tun.

Machen. Machen. Machen.
Und dann Pause machen
Und überlegen, wie es besser geht
Und dann wieder machen und machen.

Im Moment der Niederlage
Kocht der Schmerz im Herz.
Aber die großen Legenden haben
Verstanden, genau diesen Schmerz zu nutzen.

Mittelmaß. Langeweile. Frust.
Alles Zeichen von Menschen,
Die die Träume anderer leben,
Statt ihre eigenen.

Jeder hat nur einen Kopf,
Zwei Arme und zwei Beine.
Deine Idole auch, nur dass sie
Diese richtig nutzten.

Eine Wiederholung mehr
Geht immer.
Eine Stunde mehr
Ist immer drin.

Das Ziel und die
Zwischenziele und die
Schritte dorthin, sollen alles sein,
Was in deinem Kopf ist.

Kein Ziel wird über Nacht wahr.
Kein Traum erfüllt sich nebenbei.
Niemand erlangt sein Schicksal
Ohne Entbehrung und Anstrengung.

Wenn niemand an dich glaubt,
Glaube an dich selbst.
Wenn jeder an deiner Größe zweifelt,
Arbeite und beweise es der ganzen Welt.

Finger weg von der Idee,
Du wärst nichts besonderes.
In dir steckt eine Legende.
Entfessel sie!

Vergiss das hier und jetzt,
Wenn du unglücklich bist.
Male dir dein Traumleben
Und dann renn ihm entgegen.

Morgenstund hat
Schweiß im Mund
Und den Mut,
Alles zu wagen.

Ein Lauf gegen die Zeit.
Denn dein Tod reift.
Also beeil dich.
Werde schnell und schneller.

Heute alles geben
Oder im Alter
Alles bereuen.

Wut ist eine Form von Energie.
Nutze sie! Selbst Angst und Zweifel
Sind eine Form von Energie,
Die du nutzbar machen kannst.

Fürchte nicht die Niederlage,
Auch nicht Schmach und Verlust.
Fürchte nur die Faulheit,
Bequemlichkeit und den Müßiggang.

Greif nach den Sternen.
Du kannst nicht wissen, ob du
Nicht der erste Sternenreiter wirst.
Probiere! Wage! Tu es!

Geld fehlt. Chancen fehlen.
Aber das zählt nicht.
Nur dein Wille zählt.

Brülle wie ein Löwe.
Schlag dir auf die Brust
Wie ein Gorilla und schwimm
Immer vorwärts wie ein Hai.

Hebe deinen Kopf.
Hebe deinen Blick.
Hebe deine Brust.
Glaube und tu es.

Jede Sekunde. Jede Minute.
Jeder Tag. Jedes Jahr.
Niemals ruhen. Immer mehr tun.

Wagen und gewinnen,
Anstatt zu zögern
Und zu verlieren.

Entfessel das Feuer deines Herzens.
Besiege die Macht der Schmerzen.
Geh über jedes Limit hinaus.

Sie werfen dir Steine in den Weg.
Sie machen deinen Namen
Überall schlecht. Aber das ist nur
Ihre Angst, dass du es wirklich schaffst.

Gib mehr als gestern.
Gib morgen mehr
Als heute.

Reiß dich zusammen;
Weinen kannst du am Ziel,
Aber dann wirst du es nicht mehr wollen.
Jetzt ist die Zeit zu leisten.

Dunkelheit. Angst. Bankrott.
Zweifel. Kritiker. Alles Gründe,
Weshalb die Schwachen aufgeben.
Sei stark! Stoppe niemals.

Du bist geboren
Und zu großem auserkoren.
Nur einer kann dich stoppen
Und das bist du selbst.

Lauf bis zum Horizont
Und dann noch weiter.
Flieg bis zu den Sternen
Und dann starte erst richtig.

Morgens schleicht er sich
In unseren Geist: der Zweifel.
Deshalb müssen wir als Kämpfer
Aufstehen und ihn besiegen.

Die Sonne scheint
Und brennt heiß.
So heiß und hell kannst du scheinen,
Wenn du dein Schicksal erfüllst.

Prüfungen sind ein Geschenk.
Widersprüche eine Gelegenheit.
Niederlagen eine Herausforderung.

Finde deinen Weg,
Egal ob es hart, dunkel
Oder kalt ist.

Steh früh auf.
Geh spät schlafen.
Das geht, solange du nur
Deinen Traum lebst.

Mehrwert!
Du bist mehr wert,
Also mach mehr wertvolles.

Sei nicht einer von den vielen,
Die ihr Leben verschwenden.
Mach was großes draus!

Wagen und scheitern,
Ist keine Schande.
Es nicht zu wagen,
Ist eine.

Dein Schicksal wartet auf dich.
Lass es nicht länger warten,
Stürme ihm entgegen.

Durch die Schmerzen gehen.
Über die Sorgen triumphieren
Und dem Zweifel niemals
Eine Chance geben.

Der Durchbruch wartet am Ende
Und davor liegt ein
Riesiger Berg Arbeit.

Sei motiviert.
Sei diszipliniert.
Sei sogar selbstverliebt;
Hauptsache auf das Ziel fokussiert.

Wenn du mehr als die anderen willst,
Musst du mehr als die anderen leisten.
Wenn du alles willst,
Musst du alles geben.

Am Ende wird
Der Schmerz und der Schweiß
Sich ausgezahlt haben.

Zu wagen und zu scheitern,
Ist kein Verlust.
Nur es nicht zu wagen,
Heißt zu verlieren.

Ich glaube an dich.
Warum tust du es nicht?
Beerdige deinen Zweifel und
Deine Angst und fang an!

Die Welt wartet auf dich.
Du trägst etwas in dir,
Dass die Welt besser machen wird.

Karma ist deine Erklärung.
Vielleicht stimmt das sogar,
Doch was sagt es anderes,
Als dass du alles geben musst?

Ehre und Ruhm.
Reichtum und Liebe.
Viele träumen davon.
Wirst du dir all das holen?

Steige auf. Erhebe dich.
Zeige allen Zweiflern,
Was in dir steckt.

Sei mehr als bisher.
Sei besser als gestern.
Sei dein härtester Konkurrent
Und besiege dich immer wieder neu.

Wahre Stärke
Kommt von ganz
Tief drinnen.

Du könntest, aber du zweifelst
Und wirst es nicht schaffen,
Solange du deine Zweifel
Nicht beerdigst.

Alles zu geben,
Heißt wirklich
Zu leben.

Der Weg zu dir selbst,
Ist der Weg, auf dem du alles gibst,
Um dein Schicksal zu erfüllen.

Irgendwo wartet das große Los auf dich.
Such es und wenn du es gefunden hast,
Dann feier für den Rest deines Lebens.

Motivier dich,
Indem du dir klarmachst,
Warum du tust,
Was du tust.

Angst lähmt dich.
Zweifel saugt deine Energie leer.
Müßiggang frisst deine Chance.
Änder dich, falls du den Erfolg kosten willst.

Träge schleppen sich die Verlierer dahin
Und erzählen allen, wer Schuld an ihrer
Misere ist. Aber nie kommen sie zu dem
Schluss, dass ihre Faulheit der Grund ist.

Hundert Prozent zu geben
In jedem Augenblick deines Lebens,
Ist möglich.

Wo der Weg steinig wird,
Wartet größter Gewinn.
Wo es hart und gefährlich wird,
Findest du deine wahre Stärke in dir.

Entbehrungen, Zweifel, Einsamkeit
Sind die Merkmale des
Steinigen Aufstiegs.

Alles hat seinen Preis.
Jeder Schmerz eine Medizin
Und jedes Ziel einen riesigen Berg Arbeit.

Stellt euch all die alten Leute
In den Altenheimen vor, die bereuen.
Es sind sicher Millionen.
Willst du dazu gehören?

Der wahre Sieger liebt es,
Hart zu arbeiten.
Die wahre Gewinnerin schläft fast nie
Und investiert jede Sekunde in den Sieg.

Trenn dich von falschen Freunden.
Gib alle Dummheiten auf.
Lebe einfach deinen Traum
Und bau dein Schicksal auf.

Vergleiche dich nicht mit anderen.
Besiege einfach nur dein Spiegelbild
Jeden Tag aufs neue.

Selbst ein Schwert muss geschärft
Und ein Gewehr geölt werden.
Darum trainiere täglich.

Erwecke das Tier in dir.
Entfessle deine
Animalische Kraft.

Sieg oder probier's.
Egal was passiert,
Hauptsache du tust es.

Sie haben dich ignoriert.
Sie haben gesagt, du schaffst es nie.
Zeig ihnen, dass sie sich irrten.
Zeig ihnen, wie viel Macht du erschaffst.

Das Wesen des Sieges
Ist seine Natur, sich immer nur
Den Fittesten und Stärksten hinzugeben,
Solange sie diesem Anspruch gerecht werden.

Die Wahrheit ist,
Dass keine der großen Legenden
Mit mehr auf die Welt gekommen ist
Als du und ich.

Wer großes wagt,
Kann großes schaffen.
Wer sich ausprobiert,
Findet den Weg.

Manchmal gelingt es über Nacht und
Manchmal musst du viele Jahrzehnte dafür schuften,
aber im Endeffekt macht es keinen
Unterschied, wie du siegst.

Jede:r will gewinnen.
Jede:r will angehimmelt werden.
Aber wer will wirklich den Preis aus Schweiß,
Blut und Schlafentzug bezahlen?

Ich schwor, niemals aufzugeben
Und bis heute bin ich
Meinem Schwur treu geblieben.

Siegen kann jede:r.
Aber es gelingt nur wenigen,
Weil die meisten sich lieber faul Lügen
Erzählen, dass sie keine faire Chance kriegen.

Stell dich dem Drachen.
Stell dich deinen Dämonen.
Sieh in dein Spiegelbild!

Überleg nicht,
Ob du motiviert bist.
Tu es einfach.
Handel. Schufte. Erschaffe!

Es ist dein Traum. Es ist dein Leben.
Hör auf zu überlegen, was die anderen
Denken. Leg los. Erfülle dir deinen Traum!

Tränen trocknen. Wunden heilen.
Kümmer dich nicht drum!
Überlege einfach, wie es weitergeht
Und wie du höher strebst.

Wage alles.
Gib dein Maximum.
Lebe aus dem Herz.

Viele bereuen und
Noch mehr fangen niemals an.
Sei anders als sie.
Sei eine:r, der es wirklich ausprobiert.

Arme. Beine. Po. Sind gut.
Aber es geht um dein Mindset,
Deinen Charakter und deinen Willen.

Spiele wie ein kleines Kind
Und verliere immerzu.
Sei ein echter Mann oder eine
Wahre Frau und nimm dein Leben ernst.

Der Fehler bisher warst du
Und die Lösung für
Deine Probleme bist du.

Motivier dein Spiegelbild
Und diszplinier
Dein Ich.

Was auch immer
Dein Traum ist. Ich weiß es nicht.
Aber ich weiß, dass es dir gelingt,
Wenn du alles gibst.

Der höchste Berg kann erklommen,
Der tiefste Ozean durchschwommen,
Das größte Schicksal verwirklicht werden.

Gib alles,
Damit du nicht bereust,
Wenn du zu alt bist,
Um alles zu geben.

Lass die Welt
Dein Feuer spüren.
Lass die Welt
Dein Löwengebrüll hören.

Es steckt mehr in dir,
Als wie du dir bisher
In deinen kühnsten Träumen
Vorgestellt hast.

Ich lebe,
Deshalb
Strebe ich.

Willst du eine Legende werden?
Dann muss die Idee von deinem
Bisherigen Ich sterben und du musst
Hier und jetzt wiedergeboren werden!

Das Leben ist ein Kampf
Im Dschungel. Es gibt Raubtiere
Und Gejagte. Zu welcher Seite
Gehörst du?

Wir sind alle gleich,
Aber einige arbeiten härter
Und streben fokussierter.

Geboren kannst du wählen,
Ob du mittelmäßig oder
Außergewöhnlich werden willst.

Tu es für dich!
Tu es für deine Familie!
Tu es für die Welt!

Kein Ziel,
Das wir Menschen haben,
Ist unerreichbar.

Ein Traum kann lebendig werden.
Es liegt am Träumer,
Wie viel Leben er erweckt.

Das Schicksal
Deiner Wiege
Wird zu deinem wahren Ziel.

In jedem Augenblick
Liegt die Chance,
Großes zu vollbringen.

Alles zu wollen,
Heißt alles
Zu geben.

Atme ein.
Atme aus.
Gib alles.
Tag ein. Tag aus.

Keinen Augenblick verschwenden.
Jeden Moment nutzen.
Denn jene, die dasselbe wie du wollen,
Tun es auch.

Der Weg zum Erfolg
Ist wie das Erklimmen
Eines achttausender Berges.

Das Leben ist ein Rennen
Um Erfolg und Ruhm.
Lauf Forrest. Lauf!

Am Ende bist du allein
Für deinen Erfolg
Und dein Schicksal verantwortlich.

Gib alles und denke nicht
An gestern und morgen.
Sei einfach hier und jetzt
Und gib alles.

Lebe, um zu streben.
Träume, um zu realisieren.
Atme, um dich zu fokussieren.

Mut ist dein Schwert,
Mit dem du in die Schlacht stürmst
Und Disziplin ist dein Schild,
Das dich vor den Feinden schützt.

Im Kampf um alles
Musst du dich zuerst selbst
Aufgeben, um dann mit deiner
Reinen Wahrheit alles geben zu können.

Finde heraus, was du wirklich willst
Und dann überwinde alles,
Was dir im Wege steht!

Manche Armut ist begründet, aber es gibt die Armut,
die selbst verschuldet ist. Was zählt, ist reich zu
werden oder zu sterben, während du versuchst, reich
zu werden.

Kein Ende. Keine Pause.
Willst du alles, dann darfst
Du keinen Tag pausieren!

Beeindrucke sie,
Aber Beeindrucke zuerst
Einmal dich.

Das Ende deines Lebensweges
Ist unausweichlich. Nur an dir liegt,
Auf was du zurückblicken wirst.

Legenden haben bewiesen,
Dass mehr möglich ist,
Als was die Masse glaubt.

Kummer und Sorgen
Sind immer da,
Aber Chancen zum Glück müssen
Hart erarbeitet werden.

Kampf ist das Wesen der Welt.
Werde zum Kämpfer
Und besiege dein Selbst.
Das ist der Weg zum Ruhm.

Gib alles und
Noch mehr als bisher.
Du kannst es!

Sei stark.
Sei stärker.
Werde unbesiegbar.

Triumphiere über die,
Die deinen Namen in den Dreck
Gezogen haben.
Zeig ihnen dein wahres Gesicht!

Lebe wahrhaft,
Indem du deinen Traum lebst
Und nicht länger die Erwartungen
Der Welt erfüllst.

Geh über dein Maximum hinaus
Und zwar jedes Mal,
Bis du am Ziel bist.

Abwechslung ist etwas für Leute, die
Nicht erkennen, dass jeder Augenblick
Einzigartig ist: Übe die eine Sache, mit der
Du zur Legende werden willst!

Wenn du nicht mehr weiterkannst,
Dann gib dein Ich auf und
Werde zu reiner Willenskraft.

Erklimme den Gipfel
Deiner Träume.
Du bist dazu fähig.
Glaube endlich!

Träume. Wage zu träumen.
Gib deinen Träumen Räume
Und lass Willensschäume aufbäumen.

Macht ist der Preis,
Den du für Jahrzehnte des Schweißes
Bekommst.

Das Schwerste auf dem Weg
Nach oben ist der Glaube,
Dass wir wirklich nach oben gehören.

Schwere Zeiten
Sind nur ein Sprungbrett
Für maximalen Erfolg.

Sie werden über dich Lachen
Und Witze machen. Sie werden lästern
Und sich das Maul zerreißen,
Bis dein Erfolg sie verstummen lässt.

Finde deinen Traum
Und wenn du ihn gefunden hast,
Tue für den Rest deines Lebens
Nichts anderes mehr, als ihn zu leben.

Sieh nicht nach links oder rechts.
Kümmer dich nicht darum,
Was der Rest der Welt von dir hält.
Es ist dein Schicksal. Es ist dein Traum.

Mehr und mehr und
Nochmal mehr.
Weiter und weiter,
Bis es kein weiter mehr gibt.

Der Weg zur Spitze
Ist einsam.
Am Gipfel erwartet dich
Der Applaus der Massen.

Du kannst dein Leben damit verschwenden,
Dir Gedanken zu machen, was andere über
Dich denken. Oder du kannst dich voll
Und ganz auf dich konzentrieren.

Hindernisse. Zweifler. Gegner.
Einsamkeit. Rückschläge. Wenn dich das
Stört, dann fang gar nicht erst an.
Denn das sind die Erfahrungen echter Sieger.

Ein Pfad.
Ein Ziel.
Ein Traum.
Und du, der alles gibt!

Konzentriere dich auf deine Stärken.
Vergiss deine Schwächen.
Werde außergewöhnlich
Statt mittelmäßig.

Brülle wie ein Löwe.
Schlag dir auf die Brust wie ein Gorilla.
Ich meine das nicht metaphorisch!

Stell dir vor, du bist der Gladiator,
Der in der Arena um sein Leben kämpft.
Denn genau so ist es!

Jeden Tag trainieren,
Nicht diskutieren.
Schweigen und üben!

Das Schicksal
Fordert dich heraus,
Weil es an dich glaubt!

Finde dich in
Den harten Übungen,
Die du täglich trainierst.

Der Durchbruch ist der letzte Schritt.
Während der Weg dorthin aus harter
Arbeit besteht, ist der Durchbruch eine
Frage reiner Mentalität.

Brich durch und zeig dich
Der ganzen Welt.
Beweise ihnen, dass sie
Auf dich gewartet haben.

Gib niemals auf,
Egal wie weit du es schaffst.
Mache immer weiter,
Selbst wenn du dein Ziel erreichst.

Über den Autor:

Niemand
suchte das Nichts
und fand niemals.